Y. 5974.
A.

OBSERVATIONS

Sur les trois derniers Ballets Pantomimes qui ont paru aux Italiens & aux François :

SÇAVOIR,

TÉLÉMAQUE,

LE SULTAN GÉNÉREUX,

LA MORT D'ORPHÉE.

MDCCLIX.

TÉLÉMAQUE,
BALLET.

ONSIEUR,

Il y a eu bien des débats jufqu'ici parmi les Sçavans, pour sçavoir si le Télémaque de M. de Fenelon étoit un Poëme Epique ou un Ouvrage simplement en prose ; mais un Maître de Ballet vient de définir la question. Il en a fait une Farce Pantomime en danse.

Les Spectacles & les Jeux font une suite des mœurs & du goût général; on peut présumer que le génie d'une Nation décline, lorsque ses amusemens deviennent ridicules & extravagans. Les Spectacles chez les Anciens furent une suite de l'ordre moral; lorsque la folie & le mauvais goût s'en mêla, tout fut perdu.

Un Maître de danse qui auroit voulu faire danser Socrate & Platon, eût passé pour un ignorant, quelque habile qu'il pût être d'ailleurs dans sa profession.

Ces Regles si religieusement observées du tems des Anciens, sont violées tous les jours parmi nous. Bientôt nos Compositeurs de théâtre feront de l'Olympe un Ballet comique, où l'on verra danser un menuet à Jupiter & une pantomime au Dieu Mars.

On parle d'un projet de danse qui doit paroître incessamment sur la Scene Italienne, où tous les sages de la Grece doivent composer un Ballet Heroï-comique, autour duquel l'Aréopage doit danser en branle. On m'a assuré d'ailleurs qu'un autre travailloit à mettre en pas de rigaudon toute l'Iliade d'Homere; le Public y verra danser le Cheval de bois, qui fut la cause de la prise de Troye. Un troisiéme qui a lû quelque part que David avoit dansé devant l'arche, a pris de-là occasion de composer un Ballet dans lequel ce Roi dansera en petits souliers blancs : mais il y a apparence que nos Docteurs de

Morale s'opposeront à l'éxécution de ce Ballet.

Le bon sens demande qu'un Sujet serieux ne soit point choisi pour composer un Divertissement comique.

Un Maître de cet Art vient de mettre en Ballet les sept premiers Livres de Télémaque. Je dis les sept premiers Livres ; car vous pourriez croire peut-être qu'il auroit choisi l'endroit où la Déesse faisoit servir Télémaque par ses Nymphes, pour introduire des danses ; mais point du tout : Mentor, Calipso, Télémaque, Eucharis, les autres Nymphes, &c. tout y danse.

Voici le nom de ce Ballet, *Télémaque dans l'Isle de Calipso*. L'Auteur met vingt-trois Scenes complettes pour cela ; il auroit pû tout également diviser son Ballet en trois Actes, d'autant plus que le tems qu'il y employe est à peu près celui d'une Comédie.

Il n'y est pas question cependant de l'arrivée de Mentor & de Télémaque dans l'Isle de Calipso : ils se trouvent là transplantés, on ne sçait comment. Le Spectateur doit suppléer à leur venue. Pour suivre à la lettre le récit historique du Poëme, il auroit fallu les faire nager, & l'Auteur ne sçait que faire danser.

Peut-être, MONSIEUR, avez-vous assisté aux trois Ballets sur lesquels j'ai à vous faire faire quelques observations ; mais je vais vous en parler, comme si vous ne les aviez point vûs.

Dans la premiere Scene du

premier Ballet, Calipso, Eucharis, & le reste des Nymphes dévouées à la passion de leur Maîtresse, font leurs efforts par des gestes & des danses, d'engager Télémaque & la Déesse Minerve à faire leur séjour dans cette Isle : la Déesse par un pas grave lui propose sa main & l'immortalité. Ceci n'est pas encore exact, car ceux qui ont lû ce Poëme, sçavent qu'avant que Calipso en vînt là, Télémaque lui raconta ses aventures, & ce furent même en partie ces aventures qui la déterminerent. Il est dommage; car cet endroit réduit en danse eût immortalisé à jamais le Théâtre Italien de Paris. En effet quel prodige n'eût-ce pas été, si ce Maître de Ballets par un enchaînement historique de gambades, de pas graves, conpés, entrelacés, &c, eût pû faire raconter à Télémaque fes voyages, comme l'Auteur le fait narrer dans le Poëme.

Le digne fils d'Uliffe fe livre d'avance aux plaifirs que lui offre un féjour fi délicieux : cela fe connoît aux pas du Rigaudon, & aux entrechats que Télémaque paffe fucceffivement ; mais Mentor dit l'explication du Ballet, (car il y a un petit livre qui met le Spectateur au fait de la danfe) ; par un coup d'œil modere fon ardeur : du moins cette leçon de Morale pantomime entre dans l'intrigue du Ballet.

J'ai vu, Monsieur, ce coup d'œil de Mentor, & je l'ai trouvé fi peu expreffif que je ne crois pas qu'il ait dit un mot à qui que ce foit de l'affemblée.

C'est une maladie de nos Maîtres de Ballets, de vouloir faire parler les jambes, si l'on peut s'exprimer ainsi, & articuler les attitudes : la Danse est si peu propre à rendre des idées méthodiques que, quelques progrès qu'on fasse dans cet Art, il sera toujours très imparfait, lorsqu'il sera question d'un raisonnement suivi.

Je ne vous dirai rien de la seconde Scene, car elle ne signifie rien.

Dans la troisiéme Calipso paroît ; elle est un peu embarrassée & témoigne de l'inquiétude : comme le Spectateur ne sçait point ce que cela signifie, il a recours à l'explication, & on apprend que cette Déesse s'intrigue auprès de Télémaque pour sçavoir si Mentor n'est pas une Divinité cachée sous une forme humaine.

Le fils d'Ulisse répond par des pas & des gestes dont on va encore chercher l'explication dans le petit Livre, qu'il n'en sçait rien, & qu'il ne peut l'instruire de ce qu'il lui demande.

La quatriéme Scene est plus intéressante. La Déesse Minerve, sous la figure d'un Baladin & habillée en très-joli Danseur, reparoît sur le théâtre. L'ingenieux Maître de Ballets envoye par une danse Télémaque ceuillir des fleurs avec les Nymphes. Calipso choisit ce moment pour faire parler Mentor & tâcher de découvrir de lui le secret qu'il n'a pu arracher de Télémaque : mais elle ne réussit pas mieux.

Dans la cinquiéme Scene, il est question de peindre la douleur de Calipso par des gestes pantomimes. Il faut que cette Déesse témoigne en dansant le chagrin qu'elle a du dédain que Télémaque fait de sa main, & de l'immortalité.

L'Amour conduit par Vénus vient un moment après joüer son Rôle dans cette Danse pantomime; tous les traits qu'il porte doivent se décocher en dansant. Vénus dit à Calipso par quelques gambades que son fils va travailler à la rendre heureuse, après quoi elle disparoît.

La Scene devient alors universelle: les Nymphes accompagnées du jeune Heros qui a tout l'air d'un véritable Danseur de Corde, reparoissent. Elles s'empressent toutes de caresser cet aimable Enfant, mais il donne la pomme à Eucharis. Télémaque qui le prend entre ses bras est d'abord agité d'un mouvement qui lui est inconnu, il témoigne son agitation par des cabrioles. Eucharis sent aussi la même agitation & se démene le mieux qu'elle peut pour le prouver aux Spectateurs : de part & d'autre les entrechats viennent au secours pour démontrer le plaisir qu'ils ont mutuellement.

L'Amour veut joüer le même tour à Mentor ; mais celui-ci qui ne danse que terre à terre & qui a tout le loisir de faire joüer la prunelle, lui lance un regard qui l'effraye. Le fils d'Ulisse témoigne par ses attitudes de danse qu'il est surpris que son Ami accueille si mal cet Enfant pour qui il se sent tant d'amitié.

Ici le maître du Ballet est un peu embarrassé, en effet à peine la parole peut suffire pour exprimer ce que Mentor a à dire à Télémaque dans cette occasion ; car il est question de lui faire entendre que ce qu'il prend pour un Enfant est l'Amour, & que cet Enfant lui prépare des peines & des maux incroïables ; mais ce que Monsieur l'Archevêque de Cambrai a eu quelque difficulté a rendre par des sons articulés, notre Pantomime veut l'exprimer par une danse.

Calipso après quelques gambades se retire dans sa grotte suivie de toute sa Cour devenue Pantomime, tandis que Mentor s'enfonce dans le bois avec Télémaque en dansant, & qu'il va lui faire des leçons de sagesse.

Cependant Eucharis enflammée d'amour pour Télémaque, cherche à être seule: comme il est question dans cet endroit d'inquiétude, de crainte, d'esperance & de joïe, il faut un contraste dans les pas que le Maître du Ballet n'a pas observé.

J'ai examiné avec attention toutes ces peintures pantomimes, & je n'en ai pas trouvé une seule qui caractérisât dans ce moment la situation d'Eucharis : tout ce qu'il y a d'exact avec le Poëme, c'est que la Nymphe, après son agitation, se laisse tomber sur le gazon où elle se livre au repos. Télémaque l'y vient trouver en dansant, il tombe à ses pieds à la suite d'une demi-cabriole ; il se fait de part & d'autre dans cet endroit plusieurs déclarations d'amour par des danses, & on se promet en cabriolant une fidélité éternelle.

Mentor les prend sur le fait, Eucharis se retire, de crainte de laisser voir sa passion. Ici la Morale entre dans la farce: Mentor Pantomime fait une réprimande à Télémaque Baladin.

Il est ensuite question d'une chasse, car le Maître de Ballets ne veut pas faire grace au Public de la moindre circonstance de l'intrigue de l'Isle de Calipso.

On pense bien qu'une Compagnie de Chasseurs dansans ne suppose pas une Scene muette. La Déesse, au bruit des cors de chasse & des danses qu'elle ne voit pas, sort de sa grotte. Elle cherche des yeux, en dansant, Télémaque. Mentor qui est toujours le Pantomime moraliste de la Piéce, paroît consterné. Calipso par quelques pas de danse, qui, selon le Maître du Ballet, doivent servir d'interrogatoire, demande pourquoi elle est désobéie. Elle s'agite, elle gambade, elle cabriole; & tout cela veut dire en bonne pantomime qu'elle est en fureur contre Mentor de ce qu'il n'a pû empêcher l'amour de Télémaque. Eh! bien, ajoûte-t-elle par de nouveaux sauts, puisque je suis méprisée, vous partirez l'un & l'autre. Elle lui apprend, en continuant de cabrioler, qu'il y a dans le lieu le plus reculé de cette forêt de grands peupliers propres à construire un Vaisseau, & une caverne où sont tous les instrumens nécessaires pour tailler & joindre toutes les piéces d'un Vaisseau,

Dans cet endroit les Nymphes reviennent de la chasse au son des violons, & en voyant la fureur peinte sur le visage de Calipso, elles tremblent en dansant : ceci est au pied de la lettre, car les pauvres Nymphes sont si fatiguées de la longueur du Ballet qu'elles n'en peuvent plus.

Le bruit que font trois ou quatre Charpentiers derriere le théâtre, joint au Moucheur de Chandelles, qui frappe sur des planches avec des marteaux, excite la curiosité de Télémaque ; il demande par plusieurs postures interrogatoires ce que cela signifie, on lui répond par les mêmes attitudes que c'est un Vaisseau qu'on fabrique pour renvoyer Mentor. Qu'entend-je, s'écrie-t-il par deux ou trois entrechats ? Quoi ! Mentor m'abandonne ! C'est fait de moi ! O Eucharis, continue-t-il par un pas grave, si Mentor me quitte, je n'ai plus que vous. A ces mots Calipso entre de nouveau en fureur sans perdre la cadence. Elle jure par le Stix que Télémaque sortira de son Isle. Concevez-vous, Monsieur, la force de cet Art, & combien il s'est perfectionné parmi nous, de proferer un serment en dansant. Il n'y a gueres que des Maîtres de Ballets modernes qui puissent avoir un si grand talent.

La Morale pantomime paroît encore ici de nouveau : Mentor toujours terre à terre fait entrevoir à Télémaque les dangers qu'il court dans cette Isle ; le fils d'Ulisse en s'élevant un peu plus haut, lui demande qu'on lui laisse faire ses derniers adieux à Eucharis.

Cependant l'Amour donne de l'espérance à Calipso, il lui dit que, si elle a juré que Télémaque partira, lui & ses Nymphes n'en ont pas fait de même. N'admirez-vous pas encore, MONSIEUR, cette élégance pantomime, de dire cela par des attitudes & des positions de danse? Je vais engager, dit l'Amour, vos Nymphes à prendre des flambeaux & à aller brûler le Vaisseau que votre indiscrétion a fait construire.

Les Violons annoncent l'espérance qui renaît dans le cœur de Calipso; elle rentre dans sa grotte pour attendre l'évenement dont l'Amour l'a flattée.

Dans cet endroit le Théâtre

représente dans le fond une vaste mer. D'un côté sont des Rochers, & de l'autre on y voit le Vaisseau que Mentor a construit : sur le bord du Théâtre sont des bois qui aboutissent à la mer.

Les Nymphes armées de flambeaux mettent le feu au Vaisseau, c'est l'endroit du ballet le plus expressif, parce que pour représenter la chose, il n'a pas besoin d'aide de la Danse.

Mentor, qui a déjà fait monter Télémaque sur le haut du rocher d'où il lui fait découvrir le Vaisseau enflammé, le précipite dans la mer, & s'y jette après.

Le Public n'en est pas quitte pour cela ; le Maître du Ballet les suit à la nage, il fait paroître un Vaisseau Tyrien qui les reçoit. La mer se couvre de Tritons & de Nayades qui danfent autour du Vaiffeau Tyrien. Toutes les Furies s'emparent de Calipfo, ainfi que de fes Nymphes ; une foule d'attitudes exprime la rage & le défefpoir de la Déeffe & des Nymphes ; elles tombent en foibleffe, & c'eft en vain qu'on fait des efforts pour les faire fortir de cet état, &c.

A t-on jamais vû M. une fureur pour la danfe pouffée jufqu'à ce point. Il eft inoüi d'avoir voulu rendre tant de paffions, d'événemens, de récits & d'aventures différens dans un feul Ballet. Le Théâtre pantomime n'eft point fufceptible de cet ordre méthodique. On doit choifir à une pofition un fujet feul & fimple, & dépoüillé de cette foule d'accidens qui le rendent trop compliqué. Lorsqu'on ne veut pas parler sur le théâtre, il vaut encore mieux n'y pas danser. Le spectateur suit mieux un Acteur, lorsqu'il s'exprime par des gestes & des positions accompagnées de pas. Les jambes ne disent jamais rien: c'est l'air du visage, ce sont les attitudes qui parlent, & elles parlent toujours mieux, lorsqu'elles sont seules. Mais j'aurois dû, avant que de vous faire voir le ridicule de Télémaque, vous parler de celui qui a pour titre *le Sultan Généreux*; l'ordre même l'auroit demandé ainsi, car celui-ci parut le premier sur ce même théâtre. Il ne manque à ce dernier Ballet pour être vrai, que le vrai-semblable. On y voit un Sultan qui pardonne l'infidélité à trois de ses Esclaves qu'il prend sur le fait. Cette idée est contraire aux notions générales qu'on a de la jalousie Turque. Elle renverse tous les préjugés établis là-dessus. Ce n'est point par une pantomine qu'on peut corriger les préventions populaires. La morale de la Danse, (si l'on peut s'exprimer ainsi,) n'est pas encore assez accréditée pour produire de tels effets : il faut que les Maîtres de cet Art s'accommodent aux préventions du peuple & qu'ils respectent jusqu'à ses erreurs.

Ce Ballet forme une petite Piéce, au lieu que l'autre compose une grande Tragédie : du moins celui-ci n'a que douze Scenes.

Le Théâtre représente le principal Salon du Serrail richement orné de Porcelaines, &c.

Je

Je vais vous rendre la premiere Scene telle qu'elle est écrite dans le Livre du Ballet.

Rozana, Zaïre, Fatime, Zaïde, Zuma, & un grand nombre d'autres Esclaves du Serrail sont sur des Sophas ; la plûpart ont des instrumens Turcs à la main, & les autres prennent du Caffé qui leur est présenté par des Eunuques blancs. Après s'être amusées à la musique, Rozana & Zaïre proposent le divertissement de la Danse qui est accepté. Il faut avouer que cette premiere Scene compose un Spectacle amusant pour les yeux. Si le Maître de Ballets n'avoit voulu représenter qu'un point d'optique ou une perspective, il auroit rempli parfaitement son plan.

Dans la seconde Scene, le

Chef des Eunuques noirs annonce l'arrivée du Sultan; les Esclaves font leurs efforts pour plaire à leur Maitre. Un moment après la troisiéme Scene commence: les Eunuques noirs & blancs précedent l'arrivée du Grand Seigneur. Tous se prosternent à sa vûe. Il leur fait signe par un coup d'œil de se retirer, & ils se retirent. Ceci est encore amusant pour un Ballet, & répond assez à l'idée que le Vulgaire a du Serrail; car dans le vrai ces sortes d'assemblées ne sont jamais à Constantinople telles qu'on nous les représente sur nos Théâtres.

Dans la quatriéme Scene, les Sultanes s'empressent de plaire à leur Maître; un coup d'œil du Sultan cause à tout moment des révolutions dans les cœurs.

L'Auteur fait voir, ou croit faire voir, ce que peut la jalousie dans ce séjour ; il est par conséquent question ici de beaucoup de postures, attitudes & danses.

Le Grand Seigneur ordonne, en suivant la cadence, qu'on apporte des meubles de différens pays de l'Europe, comme canapés, pendules & instrumens; ce qui est d'abord exécuté. Le Sultan se retire avec toute sa suite : seulement Zaïre reste.

Zaïre, qui doit former elle seule toute l'intrigue pantomime de la cinquiéme Scene, se met sur le canapé. Elle entend un bruit sourd qui sort de dessous son siége : c'est son amant qui paroît & qui étoit caché dans le canapé : de dire comment il se trouve là, c'est ce que le Ballet ne dit point;

on lit seulement dans la brochure qu'il a sçû gagner le Marchand qui a fourni ces meubles. On n'est pas mieux instruit par quel hazard elle a un amant hors du Serrail ; il est vrai que ceci lui eût été bien difficile, car il n'y a personne, un peu instruit des usages de la Porte, qui ne sache que les Esclaves destinées pour le Grand Seigneur sont envoyées des Provinces éloignées au Serrail dès l'âge de neuf à dix ans, & n'ont aucune communication au dehors.

Dans le Ballet de Télémaque, il y a trop de détail ; dans celui-ci, il n'y en a pas assez. La joie des deux Amans se montre par des danses. Mais Fatime les surprend ; elle est prête à en avertir les muets. Comme elle se retire pour cela, elle apperçoit à la place du Cadran de la pendule, (ô l'admirable génie du Maître de Ballets !) la tête de celui qui eſt le maître de ſon cœur. Un autre moins inventif eût cherché à deux fois où le placer; mais celui-ci, qui a de l'imagination, le met du premier coup dans le cadran.

Zaïde, qui paroît un inſtant après, ſurprend ſes Compagnes & les Amans. Elle veut à ſon tour appeller les Eunuques; mais elle voit un aimable Turc qui ſort d'un Clavecin, qui vient ſe jetter auſſi à ſes pieds: tous les Amans s'uniſſent & forment un pas de ſix.

Zuma, qui paroît ſur le théatre, en étoit à ſon tour ſcandaliſée; elle forme le projet de faire punir les coupables. Elle ſort pour ce deſsein : mais en se retirant, elle voit dans un autre cadran la tête de son amant, ce qui forme un pas de huit.

Rozana s'appercevant que le Serrail va devenir un lieu de prostitution, & que les Esclaves du Grand Seigneur vont lui faire garder les manteaux, veut livrer toutes ces concubines aux Gardiens. Elle est arrêtée & saisie : un air de simphonie annonce qu'elle va perdre la vie. Les jeunes Amans employent tout le pouvoir qu'ils ont auprès de leurs Maîtresses pour empêcher sa mort ; mais c'est à condition qu'elle gardera le secret.

Le Sultan paroît enfin, & surprend ses infidelles femmes avec leurs Amans ; il entre en fureur. A l'exception de Rozana, il va les faire mourir. Le Maître de Ballets choisit ce moment de trouble & de confusion, pour porter le Sultan à faire choix de la main de Rozana, qui, à cette occasion, s'interesse pour les Criminelles & obtient leur grace: elle est reconnue par les Officiers du Serrail, ce qui termine le Ballet.

Je ne vous parle point, MONSIEUR, de la musique, ni de l'exécution de ces deux Ballets. L'une n'est point assez variée, eu égard à cette foule prodigieuse d'accidens qui s'y rencontrent, & que l'Auteur veut représenter. L'aimable, le doux, le tendre, le pathétique, le terrible, le furieux, &c. tous modes qui se succedent, ne sont marqués que foiblement, & souvent même point du tout. La réussite de ces sortes de Pantomimes, dépend beaucoup de l'expression de la musique; il faut qu'elle soit analogue au sujet: sans quoi les pas & les attitudes ne la rendent jamais bien. A l'égard de l'exécution, il est impossible qu'un Ballet qui dure vinq-cinq minutes soit bien rendu : la lassitude qui en est inséparable, saisit les Acteurs au milieu de la Représentation. Ils ne sont plus en état de continuer leur Rôle, alors toute expression finit. En général les personnages de ces deux Ballets, sont faux, & ne rendent pas le sujet qu'ils veulent représenter : aucun n'en emprunte le caractére. Mentor, pour revenir au premier, ressemble à un Baladin, Calipso à une fille de joie. Télémaque ne conserve point cet air de sagesse que M. de Fenelon lui donne, & qui l'accompagne dans la fougue même de ses passions. La jeune Nymphe Eucharis n'a point cet air de candeur & d'innocence qui la distingue des autres Nymphes. Le Sultan générux n'est pas caracterisé. En un mot ces deux Pantomimes ne sont pas dessinées. La plûpart des tableaux sont touchés, & presque tous les portraits y sont manqués: si l'un & l'autre ont paru d'abord avoir quelque peu de succès, c'est au Tailleur à qui on en a l'obligation.

Venons aux François. On y a donné un Ballet qui a pour titre *la Mort d'Orphée, ou les Fêtes de Bacchus.*

La Composition de celui-ci n'en fait qu'une Scene, ou du moins on ne le divise point en Scenes.

Je vais vous en faire le détail tel qu'on l'a trouvé dans la petite Brochure qui en donne l'explication, ou plutôt je vais vous tranfcrire la Brochure elle même.

« Aux deux côtés du fond
» du Théâtre, on apperçoit
» plufieurs montagnes féparées par un vallon orné
» de quelques arbres qui laiffent voir l'Ebre dans l'enfoncement. Orphée eft affis
» fous ces arbres; & enchantés du doux fon de fa lyre,
» les animaux les plus féroces, tranquilles & couchés autour de lui, demeurent attentifs à l'harmonie
» qui les attire: les arbres &
» les rochers paroiffent fe
» rapprocher pour entendre
» de plus près. Lorfqu'il ceffe
» de tirer des fons de fa lyre,
» les Roffignols font de vains

» efforts pour les imiter, &
» tombent morts de jalousie &
» de douleur de ne pouvoir
» y réussir. Orphée finit par
» un morceau lugubre & in-
» téressant, par lequel il ex-
» prime les regrets qu'il a de
» sa chere Euridice. Les ani-
» maux attendris, inclinent
» leurs têtes. Insensiblement
» les Montagnes & les Ro-
» chers se fendent, les Arbres
» laissent tomber les pleurs
» que l'Aurore avoit au matin
» répandus sur leurs feuilles.
» Toute la Nature s'interesse
» à la douleur d'Orphée. Les
» Bacchantes seules qui l'en-
» tendent sont insensibles à ses
» sons. Elles le soupçonnent de
» mépris pour elles, elles ont
» juré sa perte ; elles se préci-
» pitent en fureur du haut des
» montagnes, couvertes de
» peaux de bêtes féroces, te-

» nant un Thyrse d'une main,
» & un Tambour ou une Flu-
» te de l'autre : elles viennent
» pour le frapper de leurs
» Thyrses ; les sons d'Orphée
» enchantent leurs armes qui
» s'échappent de leurs mains
» & tombent sans force aux
» pieds du Chantre de la Thra-
» ce. Pour y suppléer, elles
» veulent ramasser des pierres
» qui restent attachées à la ter-
» re, quelques efforts qu'elles
» fassent, & refusent, ainsi que
» les branches d'arbres, de se
» prêter à ce projet barbare.
» Elles paroissent elles-mêmes
» adoucies un moment par la
» lyre enchanteresse ; mais
» pour n'y pas succomber, &
» s'empêcher d'en entendre les
» sons harmonieux, elles font
» avec leurs Tambours &
» leurs Flutes un Bacchanal
» que l'Orchestre exprime.

» Celle qui est à leur tête res-
» te seule attendrie & s'assied
» auprès d'Orphée, pour l'é-
» couter. Les Bacchantes ar-
« rachent les cornes de plu-
» sieurs Taureaux attirés par
» les sons de la lyre, se saisis-
» sent des bêches que des La-
» boureurs avoient quittées
» pour être plus attentifs, &
» veulent fondre sur le mal-
» heureux Orphée, qui tend
» en vain les mains pour les
» fléchir. La principale Bac-
» chante fait des efforts inuti-
» les pour arrêter la fureur de
» ses Compagnes. Elle, qui
» leur commandoit, se jette à
» leurs genoux pour leur de-
» mander grace; voyant qu'el-
» le ne peut triompher de leur
» rage, elle fait un rempart de
» son corps au malheureux
» Orphée, & veut périr avant
» lui. Ses Compagnes se sai-

» sissent d'elle, l'arrachent de
» devant leur victime, & pour
» qu'elle ne puisse plus s'op-
» poser à leur fureur, l'atta-
» chent à un arbre avec son é-
» charpe; ensuite elles tombent
» sur Orphée, le déchirent, le
» massacrent, jettent son corps
» & sa lyre dans l'Ebre qui s'a-
» gite d'horreur, & elles exé-
» cutent un morceau de dan-
» se rempli de joie, de rage, &
» de plaisir d'avoir détruit leur
» ennemi. Ce morceau de
» musique dans le goût d'une
» tempête, doit laisser percer
» de tems en tems les accens
» plaintifs de la lyre, qui d'el-
» le-même & du fond du fleuve,
» fait encore entendre des sons
» douloureux. Une simphonie
» annonce l'arrivée de Bacchus:
» la terreur saisit les Bacchan-
» tes, qui prévoyent la colere
» de ce Dieu terrible, lorsqu'il

« apprendra la mort d'un hom-
« me qui présidoit à ses
« Mystères. Elles expriment
« leurs craintes & leur embar-
« ras par differens tableaux,
« & s'enfuyent avec désordre
« & confusion à l'arrivée de
« Bacchus. Ce Dieu descend
« de la Montagne dans un
« Char traîné par des Tigres:
« le vieux Silene & une Trou-
« pe de Faunes l'entourent. Il
« est étonné de voir les Bac-
« chantes s'enfuir à son aspect;
« mais son étonnement cesse,
« quand il apperçoit la prin-
« cipale Bacchante attachée à
« un Arbre, qui donne toutes
« les marques du désespoir,
« & qui l'implore aussitôt
« qu'elle le voit, en lui mon-
« trant sous les arbres l'échar-
« pe d'Orphée ensanglantée.
« Il connoît la fureur de ces
« femmes jalouses, & ne doute

» plus de la mort de son cher
» Orphée. Il fait délier la prin-
» cipale Bacchante, lui pro-
» met justice, & envoye les
» Faunes chercher les autres
» Bacchantes. Leur terreur est
» l'aveu de leur crime, elles
» se jettent à genoux, mais
» elles ne fléchissent point le
» Dieu irrité, qui les attache
» à la terre & les change en
» Arbres. Les jeunes Faunes
» qui ne trouvent point leur
» compte à la métamorphose
» des Bacchantes, font si bien
» qu'ils fléchissent insensible-
» ment la colere du Dieu, qui
» rompt la métamorphose &
» rend aux Bacchantes leur
» premier être & leurs pre-
» miers charmes. Les Faunes
» & les Bacchantes exécutent
» les Fêtes de Bacchus pour
» le remercier, & ces Fêtes se
» terminent par une Contre-

» danse générale. Elle finit par
» la marche de Bacchus, qui
» remonte la Montagne avec
» sa suite.

Rien de plus beau & de plus magnifique, comme vous voyez, Monsieur, que le projet de ce Ballet ; mais rien de plus ridicule & de si mal entendu que l'exécution. La confusion y regne depuis un bout jusqu'à l'autre ; on n'y comprendroit rien, si on n'alloit chercher à chaque instant dans le petit Livre ce que veut dire une certaine attitude, ou ce que signifie tel ou tel pas. Il n'y a point de clair obscur dans les tableaux. Les portraits ne ressemblent à rien, aucun ne rend le sujet. Tout, jusqu'à la décence, est ôté aux personnages ; l'habit même y défigure les Sujets. Toutes les Bacchantes y ressemblent à des prostituées. La jolie Mademoiselle Alard y est laide à faire peur, & la jeune Mademoiselle Guimar n'a plus de graces.

Il n'est pas surprenant, MONSIEUR, que le ridicule & l'insensé se trouvent sur notre Théâtre Pantomime : un Danseur qui a cabriolé pendant trois ou quatre ans en Province, se croit en état de venir composer des Ballets à Paris. Il y a cependant une distance infinie de la Danse à la Composition. Pour l'une il suffit ordinairement de la force & de l'agilité, mais pour l'autre il faut de l'imagination, de l'esprit & de la pénétration. Ces trois qualités ne suffisent pas au Maître de Ballets, si elles ne sont accompagnées de plusieurs autres, qui, pour être inférieures, ne lui sont pas moins nécessaires, comme le discernement, la justesse, la précision, le brillant, le choix des pas & des sujets, &c. le tout fondé sur le simple & sur le vrai.

Tout Maître de Ballets, Monsieur, qui s'écartera de la nature, ne fera qu'errer dans sa profession; il aura beau avoir les autres parties ; s'il n'a celles-ci, il sera toujours au dessous du médiocre.

Il ne doit point y avoir d'énigme dans la Danse : chaque portrait doit être d'abord saisi & deviné. Un Compositeur qui a besoin d'expliquer par un imprimé l'intrigue de son Ballet, est un mauvais Peintre.

Toutes ces qualités si difficiles à rencontrer dans un seul homme se trouvent parfaitement réunies dans M. de Lani, Maître des Ballets de l'Opéra. On voit dans ſes Ballets ce gros bon ſens qui doit être la baſe de toutes les productions de ce genre. Si quelque fois il ne donne pas l'eſſor à ſon imagination, c'eſt qu'il ne peut point ſortir des limites qui lui ſont preſcrites par les ſujets. Il eſt vrai que ce Maître de Ballets a des facilités pour l'exécution, que les autres n'ont pas.

M. Veſtris par ſon talent ſupérieur, peut ajouter à la compoſition de cet habile homme.

Les ſieurs Dupré, Jacinte, Laval, Lionnois, Levoir, Béal, &c. chacun dans ſon caractere, lui ſont très utiles.

Mademoiſelle Lany eſt unique dans ſon genre; c'eſt la première Danſeuſe de l'Europe : on ne vit jamais tant de préciſion & de juſteſſe; elle eſt en état d'embellir & d'achever ce que M. Lany ne fait qu'ébaucher.

Mademoiselle Vestris exécute également bien.

Mademoiselle Puvigné, dans le genre gracieux, est pour lui d'une grande ressource; elle seule peut rendre certains sujets.

Mademoiselle ionnois, toujours aimable & toujours aimée du Public, embellit ses Ballets.

Mademoiselle Asselin lui est d'une grande utilité; elle a de la force & de la vigueur. Cette jeune & belle Danseuse enchante le Spectateur par l'expression qu'elle met dans ses pas.

Les Demoiselles Rique, Chaumar, Miré, Coupé, Masson, &c. sont ensemble ou séparément en état de faire valoir également ses Ballets.

FIN.